Jannys KOMBILA

AF142735

EXILITUDE

Édition : BoD - Books on Demand, info@bod.fr
Impression : BoD - Books on Demand, In de
Tarpen 42, Norderstedt (Allemagne)
Impression à la demande
ISBN : 978-2-3221-1792-5
Dépôt légal : mai 2023

Du même auteur :

LA GRANDE PALABRE.
Editions EDILIVRE APARIS, Juin
2010. N° ISBN : 978-2-8121-3471-5
(Théâtre)

2) ENCRE NOIRE ET PLUME
BLANCHE. Editions EDILIVRE
APARIS, Juin 2010. N° ISBN : 978-2-
8121-3547-7 (Poésie)

3) Mon cœur et mes amours oniriques.
Août 2010, Editions EDILIVRE
APARIS. N° ISBN : 978-2-8121-3721-1
(Nouvelles)

4) TAM- TAM ET CHANT
POETIQUE. Août 2010, Editions
EDILIVRE APARIS. N° ISBN : 978-2-
8121-4100-3 (Poésie)

5) RIMES D'ENFANT. Août 2010,
Editions BoD. N° ISBN : 978-2-8106-
1960-3 (Poésie)

6) <u>EXALTATIONS ET LAMENTATIONS</u>. Septembre 2010, Editions BoD. N° ISBN : 978-2-8106-1904-7 (Poésie)

7) <u>A FLEUR DE TEMPS</u>. Septembre 2010, Editions Baudelaire. N° ISBN : 978-2-35508-600-7 (Poésie)

8) <u>UNE ETOILE DE PLUS</u>. « Serge ABESS ». Editions BoD, Juillet 2011. N° ISBN: 978-2-8106-1991-7 (Biographie)

9) <u>BLESSURE ET BRISURE DE VIE</u>. Juillet 2011, Editions BoD. N° ISBN : 978-2-8106-1359-5 (Poésie)

10) <u>ECLATS LYRIQUES</u>. Juillet 2011, Editions BoD. N° ISBN : 978-2-8106-2150-7 (Poésie)

11) <u>LETTRES PARNASSIENNES</u>. Co auteur Rodrigue Makaya Makaya, Editions BoD, Janvier 2012. N° ISBN : 978-2-8106-2214-6 (Poésie).

12) <u>LA LAGUNE PERDUE</u>.
Editions BoD, Février 2012.
N° ISBN : 978-2-8106-2454-6 (Poésie).

13) <u>LA BRUNE DES GENIES</u>.
Editions BoD, Mars 2012.
N° ISBN : 978-2-8106-2476-8 (Roman).

14) <u>EFFLUVE DE LYS ET
MELANCOLIE</u>.
Editions BoD, Juin 2012.
N° ISBN: 978-2-8106-2422-5 (Poésie).

15) <u>FLEURS DES IDYLLES FANEES</u>.
Editions BoD, Août 2012.
N° ISBN : 978- 2-8106-2546-8
(Poèmes épistolaires).

16) <u>ADIEU MONDE</u>.
Editions BoD, Novembre 2012.
N° ISBN : 978- 2-8106- 2612-0
(Poésie).

17) <u>L'ODE A L'AUBE</u>.
Editions BoD, Juin 2013.
N° ISBN 978-2-322-03113-9 (Poésie).

18) KIMIA (Les Rosées de sentiments).
Editions BoD, Juin 2013. N° ISBN 978-2-322-03071-2 (Roman).

19) D'OMBRE ET D'UTOPIE.
Editions BoD, Octobre 2013.
N° ISBN: 978-2-3220-3296-9 (Poésie).

20) NZILE. (Le chemin)
Co auteure Annie- Flore Batchiellilys.
La Doxa Editions, Mars 2015.
N° ISBN : 978-2-9175-7647-2 (Récit)

21) LES PROMESSES DU TEMPS.
Editions BoD, Décembre 2015,
N° ISBN : 978-2-3220-4409-2. (Poésie)

22) ANDIA
(A la lumière du crépuscule).
Editions BoD, Février 2023,
N° ISBN : (Roman)

Il manie la prose, à la Baudelaire, Mallarmé, Hugo. Il fait chanter les vers à la Rimbaud, et clame son émoi poétique comme Senghor, qui a bercé son enfance.

Sa poésie exhale et exalte l'amour, l'existence, la mort, l'iniquité la liberté de la plèbe opprimée, il dénonce et crie son indignation contre le racisme.

Il sait sublimer la femme, l'encense et l'honore …

Il est capable d'exécrer la gente humaine, tous ceux qui sont égocentriques et font des choix qui briment la liberté et les rêves des autres l'écœurent. Il est juste, il est franc, il est créatif, inventif, imaginatif, c'est répétitif, mais c'est juste pour illustrer le fait qu'il est « particulier ». C'est un artiste des mots.

En fait, il est tout un être d'apparence ordinaire qui est absolument habité par un génie que seuls les gens qui ont un cœur où il faut, peuvent ressentir, voir et apprécier. C'est un méditatif, un homme sensible, qui a écrit plus d'une vingtaine d'ouvrages littéraires, du roman à la nouvelle et de la poésie à la dramaturgie. Mais ce n'est pas qu'un homme des lettres, c'est un véritable ingénieur des mots, ce n'est pas qu'un être sensible, c'est un humaniste, généreux, ouvert aux autres et singulièrement « gracieux », positif et encourageant voire inspirant. Quand on sait que les artistes sont souvent des personnes à l'égo démesuré, qui choisissent délibérément de s'extraire du monde, du système, et parfois même de la réalité dont ils se sentent allochtones.

Il conserve, non, plutôt, il chérit sa capacité à s'émouvoir, à s'indigner, à déplorer le mal.

Erika Rosira
Rédactrice
EnSeulementQuelquesMots.Org

« Je pensais être exilé de mon pays. En revenant sur les traces de mon passé, j'ai compris que je l'étais de mon enfance. Ce qui me paraît bien plus cruel encore. »

Gaël Faye - Petit Pays

« Il nous appartient de veiller tous ensemble à ce que notre société reste une société dont nous soyons fiers : pas cette société des sans-papiers, des expulsions, des soupçons à l'égard des immigrés... »

Stéphane Hessel- Indignez-vous !

EXILITUDE

« Je suis le coup de pilon en écho, qui retentit là- bas, dans mon lointain village. Là- bas, près de mon Afrique natale ».

Jannys KOMBILA

EXILITUDE

Partir vers un autre soleil
Fuir l'orage des misères bercées
Ma vie cet oblong fleuve noir
Où coulent les ethnocides
Portrait de femmes violées
Et d'enfants immolés
Ont fané ces années de peine
Ma mélancolie
Ma terre lointaine
Mon exil mon blues chanté
M'ont apporté les émois rieurs
Le parfum des quatre saisons
Et l'aquarelle éclaboussée
Des prunelles allochtones
Mes joies et sentiments
Longtemps murés
Ont étreint les éclats évoqués

Ici et ailleurs je suis l'émigré
Homme aux cheveux hâlés
Je viens de là- bas !
Là, où la terre a enfanté l'eau
Je viens de là- bas !
Terre ceinte des épopées
Je viens de là- bas !
Là, où l'espoir n'a pas de saison
Mon exil mon asile
Ma poésie ma migritude
Près des rives de la Saône
J'ai posé mes malles
Sans râle de préjugés
Et l'aumône du pardon
Sur mes pieds noirs blanchis
Ici s'entend en beffroi
Le silence des nostalgies
Qui me rappelle qu'au bout
Du voyage il y a l'exorde.

PÉRÉGRINATION.

Une sensation
Une invitation au voyage
Une impulsion exhalée
Un ailleurs lointain
Seul, je chemine sur
Les frasques de la vie
Seul, je fulmine contre
Les fresques mystiques
Mon silence en quête de vérité
Mon errance pèche en absurdité
Ma religion ma foi
Mon église mon cœur
Ma mystique mon esthétique
Lasse l'existence des lois
Passe la liberté des hommes
Comme le temps capricieux
Sur la beauté des femmes

Les choses essentielles flétrissent
Les amours pérennes fleurissent
A deux, le destin est éphémère
Aveux et secrets nous détruisent
Pourquoi mystifier autrui
Comme l'horizon qui
Cache le visage de Dieu
A quoi bon espérer le bonheur
Puisqu'elle n'est pas ici la vie.

MEMOIRE D'UN MARTYR

Ici gît…
Un martyr
Combattant de la liberté
Tombé en souffle proclamé
Sur les layons mitraillés
En fanion de droit brandit
Victime d'un jour
Martyre de toujours
Sombre justice
S'agitent les essences recluses
Paradis de tombes et
D'esprits en trombe
Ne tombent ici-bas
Que les âmes éclairées
Tombeau clos
Asile sépulcral
Somptuaire ossuaire
Cimetière de fiel
Terre sainte où
S'exhument les cris indociles

Ici gît…
Un martyr
Combattant de la liberté
Tombé en souffle proclamé
Le poing dressé
L'oriflamme de la patrie
Sur son front ensanglanté
La terre t'accueille
En recueil dramatique
Rose de trahison
Motion de compassion
Oraison d'un être
Sans âge de saisons
Chant d'âme clairsemé
Larme d'acrimonie
Destin échancré
Mémoire d'un joutant
Tamtam et légende
Passage et sillage

Que laissons- nous ?
Des empreintes
Du sang estampillé
Des péroraisons
Des clous de bois
Au soleil des injustices
Des pas incarnats sur
Les escarbilles du temps
Fleure ma mort
Incinère ma vie
Un dernier beffroi vers
Ce chemin sans matin
Mate teint s'en va le vaillant
Sous les clameurs des indignés
Et le silence de l'absence
Et la présence de l'indifférence
Et l'inertie involontaire
Ici gît…
Un martyr
Combattant de la liberté.

REMINISCENCE

Effluves de souvenirs
S'effacent les rires allègres
Des petites rosées d'enfance
Se taisent dans mes pensées
Les griseries enflammées
Des amitiés guillerettes
Sans lendemain morne
Restent les lumières froides
Des réverbères antédiluviens
Des premiers baisers dulcifiés
Au crépuscule amiteux
Ces ruelles brumeuses
Aux mystères de clameurs diurnes

Le vent tintant comme
Ces mélopées s'en allant
Plus de vie plus de regards
Plus d'ombre passant
Juste une impression
Sans battement d'ailes
Et ces lunes badines
Aux perles d'yeux envoûtants
Éméchés, ces émois soufflés
Ces soirs bradés en camaraderie
Emoussés, les espoirs en nimbe
Nos vies nombreuses tannées
A jamais exilées ces souvenances
En écrin de bonheur pâmé.

KEMET

Terre d'Afrique
Terre natale
Lointaines sont les saisons
En nostalgique évocation
S'entend la misère blafarde
Des héritiers spoliés
Et les chants d'âmes meurtries
Sous les brumes écarlates du Nil
Voguent les chalands
Dans les méandres de l'histoire
Volent les Phaétons
Vers les mers débonnaires

Terre d'Afrique
Terre Reine
Héritage oublié
Patrimoine jacent
Civilisation perdue
Culture en sépulture

S'élèvent les derniers soleils
pharaoniens
S'éteint la mémoire noire
Et les aubes souveraines
Enfouies dans les stèles de pierre
Feu sacré des rites
Brûle ma conscience sanieuse
Harpe d'élévation
Mon ancestral relique
Chante les cieux qui migrent
Chante les dieux Kémite
Chante les pieux de Nubie

Terre d'Afrique
Terre de sagesse
Terre macassar
Terre Reine.

EN ATTENDANT LA LIBERTE

Demain nous marcherons
Sur la route de la liberté
Visages conquérants
Et poings arborés
En chant de guerrier
Sur les chemins de l'occident
Sur les terres embrasées
Après les cyclones de vie
Le chaos, la plèbe accusée
Les folies humaines clamées
Au seuil des libertés ironisées
Traire les silences
Pour accoucher les vérités
Taire les quérulences
Pour conforter les avouions
Il pleut sur les mensonges
Il pleut sur ma plaie
Il pleut sur le sang des insoumis
Et mon peuple pleure ses morts

Demain nous marcherons
Sur la route de la liberté
Visages conquérants
Et poings arborés
En chant de belliciste
Sur les columbariums
Aux couleurs d'armes
Loin des vies profanées
Loin des corps exhumés
Loin des destins sombrés
Aux portes des frontières
Absurdité de justice !
Politique polyptique
Dansant sur les cadavres
Des démocraties d'autocratie

Demain nous marcherons
Sur la route de la liberté
Visages affranchis
Et poings éclopés
Abats les traités de tamtams
Las des impostures pouvoirs
Des goulets de torture
Aux morsures d'inégalité
Et la plèbe chancelante
Attendant la liberté libérée.

L'ONDE EBRANLEE

Retiens mes larmes
Retiens l'onde ébranlée
S'en vont les soleils moirés
Au coucher des nostalgies
Ici pleurent les saisons
Ici chantent les crépuscules
Quand s'endorment les rivages
Près des terres et sangs oubliés
Et les sables fins mouchetés
Effluves d'enfance gambadée
Au son de la corne décatie
Courent les rites et tambours
Comme les vents en brisure
Des palétuviers d'espérances

Retiens mes souvenirs
Retiens les flammes de vie
Mes joies et misères prosternées
S'éteint mon cœur larmoyé
Par les blessures des promesses
Tout s'oublie autour de nous
Tout se perd en impéritie
Reste en moi l'encens âpre
De cette existence acariâtre.

RESILIENCE

Souffle le vent
En devoir de mémoire
Souffle la douleur
Des crimes à la plèbe matée
La colère en seing de sang
L'outrage à la patrie blessée
Il reste en nous l'âpre chant
Du martyr en brancard porté
Sous le fanion la paix sanglante
Et les cendres des protestations
Au lendemain des tirs indociles
Dialogue et tolérance avachis
Tonnent les derniers cris
Des cohortes rescapées
Bravant les voies du
Triomphe dépouillé

Sur ces venelles de la
Libération clamée
Plus de traces des révoltes
Est-ce le silence
De la résilience ?
Est-ce la pénitence
De la résistance ?
Loin de mon exil combat
Se replient mes poings décatis
A l'heure des mémoires tachées
Je marche en digne joutant.

SUR LE RHÔNE

Sur le Rhône
Ma mémoire épandue chagrine
En flânerie s'abandonne
Au soir des complaintes
Et l'onde noire coruscante
En brume de simulacres
S'invite et m'emporte
Danse morne émoi
Danse aux pas des trépassés
Et mes yeux affriolés
Dans la liqueur du temps
Ternissent mes rêveries
Des ombres andrinoples
Comme des âmes zélées
Des flots de feux
En éloge des cieux
Mystère et silence

Sur le Rhône
Le cœur dévoyé
En éphémère escarbille
Suppliant à l'Inconnu
De préserver mes regrets
A jamais scellé
Mon émoi échancré
Au flux qui s'en va
Et s'écoule en espérance
Sur les visages des âmes captives
Qui attendent en désuétude
Ici et ailleurs que la vie
Les conduise à la destinée.

MORALITE

Parle de la morale alitée
De la longue marche
Des hommes, des insurgés
Vers la liberté déshéritée
Conte la misère migratoire
De mon peuple dépeuplé
Tombent les averses
Des choix éclopés
Pour laver le sang des crimes
Pouah !
Sur les injustices flagornées
Poids des décennies d'inégalités
Parle de ta vie évidée
Parle de ton avenir étriqué
Sans repère comme les heurts
Les peurs de luttes portées
Tu te lèveras visage ensanglanté
Liées, mains, implorant
La fin des tyrannies de morsure

Crois !
Toi, qui jamais n'a lutté
Crois !
Toi, qui toujours a buté
Crois !
Toi, qui sacrifié a douté
Crois !
Que tout combat se gagne
En souffre-douleur
Et vois comme je meurs
Vois dans mon cœur
La lueur espoir
En hymne de victoire
Mon fanion brandit
Sans bouts de bois de Dieu
Le poing sur mon torse écorché
Criant ma liberté déliée

Parle sans mots
En tamtam cadencé
Quand soufflent mes maux
En savane dansée
Crie ta plaie béante
Sans âme de paix errante
Toutes les indépendances
Ont l'amère saveur de la liberté
Là-bas, les rires
Ont la couleur de la peur
La peur de penser
La peur d'infirmer
La peur de s'indigner
Parle ! Râle !
En émoi fouetté
Parle ! Râle !
Et vomis ton mal- être
Car la révolte dans le silence
Est une prison.

FACÉTIE

Et si, mystifiés
Nous avions été
Une vie entière
Illusionnée
La vérité voilée
Portant le visage
De sombres amorces
L'âme grisée
Et empoisonnée
Nos chemins soupirés
A Jamais perdus
Nos joies vécues
Désormais restituées
Et les sanglantes giclées
Près de mes yeux châtiés
Par les guerres de pouvoirs
Et la mort en mémoire

Et si, Blessés
Nous avions été
Une misère plénière
Existante
Sur les sépulcres secrets
Des estimes fredonnées
Aux passions lâchées
Mon engeance primant
L'histoire avachie
Et les dieux mal- aimés
Et les diables médités
Près des repentirs
La crainte de la mort
Et l'oubli de la vie
Sur l'Eden verger
A notre sort supplicié.

PREJUGES

Un noir sur
Du blanc
Une salissure
Immarcescible
Ma plume
Dans un encrier
Une lumière
Dans l'obscur
Qui sont ces
Êtres aux regards
De supplice qui
Crachotent sur
Ma frimousse
Ma peau sur
Ton derme d'hiver
Mon âme pâle
Sur les plaies
Encloses
Des irrévérences
Un blâme sur mon faciès

Un pressentiment
Des œillères
Une anxiété
Ininterrompue
Je saigne dans
Mon intimité
Je souffre de
Leur inimitié
Ils me dévisagent
Encore et encore
Ils m'observent
De tort en tort
Et moi et nous
Tout clos tout faux
Ma gène ma diligence
Une ritournelle
Sale basané !

Un blanc
Sur du noir
Une existence
De plaideur
Un savant mendiant
Je ris de mon blâme
Des fresques clamant
Mon émoi
Et mon visage
En soupir
Je me compulse
En strident art
Des restes
D'humanité
Émaillés sur
Les chenaux
Les hommes oscillent
Et Mon âme
Chancelle.

FIEL

Cette amertume
Dans l'âme
Je la vois
Dans cet océan noir
De chagrines aubes
Je m'y noie
Le corps en désuétude
C'est le chant des
Larmes profondes
La rivière des stridences
Ruisselant vers d'autres
Antédiluviennes grisailles
Un enfant disparu
Un rêve interrompu
Un homme châtié éclopé
Une charité écourtée

Cette acrimonie
En vaudeville
Je la perçois
Dans ce monde noir
Je marche vers
La désespérance
Sans simulacre en
Épreuve et exil
Une dernière note
D'une aubade mélancolique
Réécouter l'oraison de la vie
Avant de s'en aller vers
Un autre chemin clandestin.

Ô MON PAYS

Comme la douceur d'un
Réveil à l'aurore enluminé
Me voici fils digne sur
Ton sein d'or et d'eau
Les jours me recueillent
En ondée de souvenirs
En moi, j'ai la sève
Maternelle de ton histoire
De toi, je porte l'étendard
D'hoir qui me claironne
Ma nation mère
Les rêves m'ont porté le signe
Et dans mon cœur orphelin
Cet hymne méritoire

En vert je vois
La forêt équatoriale renaissant
En jaune le cercle céleste vivifiant
En bleu les océans de ma fratrie
A l'unisson le fanion de ma patrie

Ma nostalgie au levant
Chante un air de Mvett
Quand content les cordes
De la harpe sacrée Bwiti
Déesse Mukudji au visage blanc
 Sur ces échasses, dansant
Ô mon pays !
Tu as renié la sylve
Ton patrimoine indigène
La sagesse des pygmées
S'éteignent les folklores
Les us et coutumes
Comme ce piroguier ramant
Vers la crypte des éperviers

En vert je vois
La forêt équatoriale renaissant
En jaune le cercle céleste vivifiant
En bleu les océans de ma fratrie
A l'unisson le fanion de ma patrie

De toi, je garde le rire blême
Des enfants avides
Ces paysages au regard comblé
Sans toile de destin
Ma mère pilant le manioc
A l'heure des ripailles
Me reviennent les effluves
Des nuits psalmodiées
Ces larmes chagrines
D'un proche défunt
Ces plantations d'ardeur
Près des rivières interdites

En vert je vois
La forêt équatoriale renaissant
En jaune le cercle céleste vivifiant
En bleu les océans de ma fratrie
A l'unisson le fanion de ma patrie

ELIWA OU
LE CHANT DU RAMEUR

Seul sur ma pirogue
Godillant pagayant
Peignant paysages
Images de ramage
Les flots en sanglots
La brunante en écho
Le silence débonnaire
Des palétuviers aboutés
Ces hérauts visionnaires
Sommeillant à jamais
Au fond des alluvions

Ô Eliwa chante- moi
La destinée du rameur
Le voyage est long
Vers fleuves et sillages

Seul sur ma pirogue
Godillant pagayant
Explorant la mangrove
Perçant dans l'inconnu
Les lagunes opalines
Sigisbée des ruisselets
Je me glisse, me coule
Je me faufile entre
Les paludes glauques
S'éteignent les lumières
Près des berges et des rives
S'enfuit la nuit fourbe
Laissant dans mes yeux
Des soupirs de présage

Ô Eliwa chante- moi
La destinée du rameur
Le voyage ici se termine
Vers fleuves et villages.

LE CHALAND DES CYCLES

Dans le chaland
Nous embarquons
Pour cet autre
Cycle en diaphanéité
Et la vie sur la rive
Nous suppliant
Les hommes
S'effaçant en damnés
Qu'avons-nous
Sauvegardé d'ici ?
Où avons-nous
Enterré nos années ?
Des ramures de promesses
Sur nos mains châtiées
Des larmes d'espérance
En stries sur nos visages
Toutes ces voix
En souvenir chantant
Toutes ces estafilades
En douleur dansant

Dans le chaland
Nous embarquons
Vers ces autres
Émotions constellées
Si le temps nous
Sonne en horloge
L'avenir nous
Tonne en félicité
Et nos lamentations
En chœur édifié
Et nos sourires
Prisonniers libérés
Derrière nous
Nos résipiscences
Et la nouvelle année
S'offrant en déité
Une cloyère de
Propitiation mondaine
Vers ce soleil autre
Nous clamerons
Notre manumission.

MA BELLE CALADE

La nuit se glisse en mansuétude
Sur les rues opalines de Limas
Flânant dans le vent glacial
Qui murmure aux arbres
Ses dégrisements, ses fiels
Des feuilles mornes, bigarrées
Déployées sur le trottoir
Pommiers s'éveille
A la brunante écarlate
Seul, je vagabonde
Dans les jardins de Montclair
Sous la bruine verdoyante
Aux bruissements chatoyants
Dansant sous l'air des
Grisailles chansons et
Des funérailles de saisons

Ma belle calade !
L'hiver s'exhibe en hôte
Compagnon zélé
L'obscur prend vie sous
Les lueurs trimardant
Des phares des feux des bars
Mes yeux fascinés par
Le simulacre ouaté
Traversent les ombres platinées
Des réverbères allègres
Tout se perd dans l'extase
De mon émoi…
Et moi, je traverse la nuit
Les averses de l'ennui
Je converse sans bruit
Avec la mélancolie qui fuit
Tout doucement
Je suis les pas des hommes
Villefranche enneigée
Et les venelles encloses
Soufflent les airs des conscrits

Ma belle calade !
Aveuglé, je chantonne
Volant au vent
Un peu de son amertume
Un peu de sa liberté
Soupirant en refrain
Ma solitude chancelante
Tel un merle noir
Perdu dans les méandres
Brumeux des espérances
Du temps qui passe
S'efface sans trace
Laissant à ma vie
Comme déclaration
Ce charme caladois.

AME SOLITAIRE

Ame solitaire
Marche dans la nuit
Voici ton chemin
Là- bas tout luit
Il y a le lustre
Des âmes libérées
Et le feu des
Êtres vitupérés
Ecoute les voix
Sombres des rejetés
Le village léthargique
Parle aux initiés
Marche loin de
L'imprécation des génies
Les oblations des
Ultimes décennies
La forêt t'épie et
Marche sur tes pas

Ame solitaire
Le salut est trépas
Dans l'aphasie
Les génies implorent
L'amour des hommes
Le bien de la flore
Ame solitaire
Cache dans la nuit
Ta clairvoyance
La lune est noire
Les méditations sont
Prémonitoires
Au bout de la destinée
Tout est sardonique.

BRASIERS ETERNELS

Brasiers de vie
En souvenance dorée
Mon enfance bercée
En flânerie aimée
Ces soirs charmés
En hymne d'émoi
Brasiers ardents
S'illumine ma douce
Douleur radieuse
D'adolescence
En nonchalance
Près des bravades
De camaraderie
Et ces refrains
D'oiseau-mouche
Apaisant mes soupirs
Et chagrin éphémère
Et les effluves des fleuves
Comme les brandons
M'ensorcelant

Brasiers éternels
A l'encens ébène
Feux frétillants
Des veillées obituaires
Se meurent les larmes
Au parfum morose
Des roses de deuils
D'orphelins éplorés
Ce sont envolées
Les palombes
Après les divinations
Une envie de
Voir de là-haut
Les espérances d'ici-bas

A jamais perdues
Les rivières scintillantes
Nous nous baignions
Jadis à l'anis fragrance
Chairs efflorées
Ames colorées
Joies timorées
Pensées et souvenirs
En douceur de bruine
Jeunesse cabriolée
Premières amours
Noires constellées.

LES BRUMES RUTILANTES

Ces fresques du passé
En ivresse de pensée
Comme des marques
De fraternité fanée
La vie me souffle
En embrun de spleen
Un refrain d'espérance
Et s'envolent les crécerelles
En complainte d'émotion
Ces instants palmés pansés
Aux aveux honnis
Loin de ma nature
Mon âme en errance
Loin de mes cendres
Mon existence châtrée
Sur les layons égarés
Cheminant chancelant
Le ciel à mes mains
S'ouvrant en soleil quêté

Le destin inconséquent
S'en allant hardiment
Et près des rives recluses
J'ai campé ma mélancolie
Ménagé ma sainte folie
Sous les nimbus chatoyés
Cachant au temps maculé
Mes sourires accidentels
Se finissent les chemins
Les dernières promesses
D'étoiles bienheureuses
Sous les vents émoustillés
En étincelle, je m'absoudrai
De mes émois de bacchanale
Le corps morigéné à nu
De mon silence chantonné
En poésie mystérieuse
Vers ces brumes éclatantes
Se laisse happer mon âme.

CHANT DE MÉMOIRE

Ce chant de mémoire
En rêverie et féerie
Danse ma dense rivière
Et l'onde éclaboussée
Ecumant ton regard blousé
Et grondent les nuits
En orage du passé
Tes versants cendrés
En savane bercée
Comme cette douce
Jeunesse aimée
Des péronnelles aux
Larmes rembrunies
Murmurant à ta vie
Ces regrets effeuillés
Et aux jours heureux
Un peu de douceur
De nostalgie retrouvée.

DESEQUILIBRE

S'emmêle ma conscience
L'humaine folie et la science
Tout me ramène aux ombres
A la mystique éclectique
Penser le néant
Où se vident les océans
Espace mon arcane
Ma muse m'entraine
Vers les flammes de l'astral
Recluse mon élément
Souffle mon essentialité
Tout paraît chancelant
La destinée et l'innée
S'emmène la raison
Édifiant l'idéalité
L'existence mon errance
La mort ma transe
Je me perds sur cette terre
Comme vous, naviguant
Dans cette sphère chaotique.

DEESSE MACASSAR

Voilà que le temps inassouvi
Me témoigne un amour éthéré
Portraituré en mon nimbe
En bruine et brume d'exaltation
Libéré des pensées rembrunies
C'est en émoi matutinal
Que mon cœur se confesse
En mots égrillards
Il me tarde de nous découvrir
Nous voir enfin
Te dire en crin
Que mes aurores arctiques
Ont l'éclat de ton sourire
Il me tarde de nous exaucer
De l'amour qui affole l'âme
Des désirs sains quand saignent
En émotion les sentiments nus
Mes pensées en spectre
Désirant et déchirant
Les soieries vives oscillant

Je t'aime m'interdit mon cœur
Je sème mes mains
A corps à tort
Sur tes courbes échinées
M'implore ton enchantement
Et se halent nos desseins
Un murmure en refrain libre
Sans frimousse chagrine
La ferveur versifiée
Et l'amour déifié
Viens en naïade basanée
Nourrir mes rêves de l'effluve
Immaculée des amours folles
Et demain, nous renaitrons
Enamourés, cœurs enflammés
A chaque bonheur psalmodié
A chaque péché ânonné
A chaque lueur chamarrée
Quand viendra mourir
À nos espoirs fredonnés
Le soleil des bluettes d'éternité.

PRES D'ELLE…

Ces lumières et galaxie
Nos layons et ataraxie
Lointains les diadèmes
De nos vies suppliciées
Amènes, les derniers rêves
A terme les années lustrées
De nos espoirs psalmodiés
A quand les astres nôtres
Un peu de bonheur diapré
Un peu d'hiver chamarré
Sous les tropiques saisons
La misère a racorni mes yeux
Et ces empierrés de sang
Dans mon regard débonnaire
Ma nuit sans astre s'éteint
Si demain nait sans clarté
Qui viendra me chanter
Les derniers couplets
De ces ritournelles infinies
En récital de palingénésie.

MA GALANTE

Au crépuscule béant
De notre liaison en accroc
Il me tardait de vous écrire
Pensant vous lire naguère
S'étiolent mes derniers soupirs
Et passions épicuriennes
Loin de vous, j'ai résisté
Le cœur en lambeau
Sentiments cabriolant
Semant humeur bleuie
Et chagrin alcoolisé
Me voilà seul désempli
 Bohémien rasséréné
Cheminant sur ces destins
Nombreux trébuchés

Ces ombres d'un soir
A la brunante taciturne
Je les revois en pensées
En brumes larmoyantes
Portant votre sourire entiché
Votre regard de lune blanche
Et votre ébène éclat
Où êtes- vous ma galante ?
Est-ce le temps félon
Qui vous retient captive ?
Se couchent en soleil
Mélancolique mes émotions
S'entend en murmure frisson
La mélopée de mon cœur
Quand se leurrent
Les espérances vespérales
J'attends toujours
L'âme velléitaire
J'attends de nous aimer encore
J'attends déjà depuis une vie.

NOSTALGIE

Retiens mes larmes
Retiens la source ébranlée
S'en vont les soleils noirs
Au coucher des rires nostalgiques
Ici pleurent les saisons
Ici chantent les moissons
S'envolent les fumées vespérales
Loin de nos villages délaissés
Et les rivières ludiques émoussées
Effluve d'enfance gambadée
Au son de la corne vieillie
Retentit le dernier coup de pilon
Courent les adolescences
En tambour
Courent les vents
En brisure

Sous les palétuviers des espérances
Emportant les remords chagrins
S'éteint mon cœur larmoyé
Par les blessures de destin
Retiens mes souvenirs
Retiens les flammes de vie
Mes joies et misères prosternées
Tout s'oublie autour de nous
Tout se perd en ignorance clamée
Reste en moi l'encens âpre
De cette terre macassar.

PSALMODIE

Adieu belle mélancolie
Emporte ma tristesse
Comme l'air des petites collines
Reviennent hanter ma mémoire
Grisailles et chansons d'automne
Les psaumes en rengaine
L'aumône des idolâtries
L'ivresse des matins pluvieux
La monotonie des panoramas
Adieu flanelle de vie jolie
Ma nostalgie au soir s'étiole
Et les soleils moroses éclosent
A l'orient des départs inopinés
Reste le chant bucolique
Des silences et pas effacés
Derrière les rideaux de spleen
Une autre saison liliale de rêveries.

REGARDS CROISES

Scintillent encore
En larme d'émoi
Nos regards amènes
Cette brise chaude
Portant l'haleine
De ton sourire lénifié
Se posant en étincelle
Sur mon estime charmée
Chantent en tort
Les désespérances
Quand s'illuminent
Les cœurs brisés
Les liminaires amours
Se tachent
Et les vieux souvenirs
S'effacent

Ici renaissent les aubes
Qui ont le parfum fleuré
Des odes sempiternelles
Loin des rêves
Emporte mon âme
Loin des torpeurs
Emmène ma vie
Enchaînée à tes lois
Comme la passion à la folie.

FRATERNITÉ

Ces rires et partages
En osmose de chanson
Ces lyres et rengaines
Loin des moroses saisons
A nos actes souhaités
Sans humeur fouettée
A nos voix portées
Sans frontière de mixité
Existeront toujours
Les amitiés en ronde
Les mains dansantes
Portant le monde
Et les arcs en ciel de laïcité
Comme les lumières de félicité
Eclairant nos petites douleurs
Sans égards de couleurs

Ensemble sur les destins
Nous irons sans face
Sans errance de race
A cœur donné chantant
En hymne de joie vivant
A nos envies sans siècle écourté
A nos abysses sans haine semée
Couronner les soleils de fraternité.

EPHEMERITE

S'abandonner à la vie
Sans empreinte
En gaieté furtive
Construire ses desseins
Sans esquisses
En passion dévoyée
Ici, s'émeuvent les fleurs
Quand se meurent les cœurs
Là- bas, la pluie à la couleur
Des étoiles damnées
Chercher le bonheur
Comme on cache les regrets
Si la mort est luisance
La vie est hermétique
Comprendre l'amour
Sans apprendre à aimer
Un clin d'œil
Une émotion chantée
Un soupir timoré
Une note dévoilée

Exister sans penser à demain
Au seing pur des héritages
entachés
Aux seins mûrs des femmes
entichées
A l'envie comme le temps d'un
crépuscule
Partir sans s'en aller
A la recherche de son émoi perdu
Partir sans cheminer
A la découverte des noirs miroirs
Des flammes de l'âme
Des orages de l'âge
Des blessures qui perdurent
Et comprendre que la vie
C'est l'instant.

L'ÂME(RTUME)

Encline l'âme au désespoir
Quand brûlent les mistrals de
bonheur
La vie pleure ses souvenirs
aoûtiens
Perdus dans les méandres de
l'obsolescence
Nos forfaitures en tiare d'épines,
confessées
Loin se fanent les corolles
arrachées
A ta chevelure de péronnelle,
accrochées
Petite Fleur au regard d'aménité
Mon mal animal s'est fuselé
Adieu ! Radieux émoi de toi
Se couchant en éclat pourpre doré

Sur les murs de passions avortées
J'ai cherché les paradis d'ivresse
Dans les désirs en accroc, interdits
Allons une fois encore pécher
Seuls sur les jardins de bacchanale
Allons ! Une fois encore rêver
Pour oublier la peur de l'espérance
Qui cachent les étoiles idylliques
Et, jamais ne cicatrisent
Les pardons des blessures
Qui n'ont pas saigné
Aveu, je m'en veux
D'être parti si près de l'horizon
Car, à chaque lever vespéral
Les alizés me rapportent un peu
De ton souffle mélancolique.

JE REVIENDRAI…

Je reviendrai
Au potron-minet
Quand les fantômes
Des amours tourmentées
Trépasseront sur
Les hypogées embrasés
Je reviendrai
Après l'absence
Après les exhortations
Après les douleurs
Des blessures évidées
Qui ont résisté au temps
Et aux pensées indociles

Je reviendrai
M'éblouir des visages pansés
Des paysages retrouvés
Des rengaines aimées
Des ruisseaux exaltés
Je reviendrai
Sans rien sans lien
Embrasser ton alacrité
Sécher tes larmes édelweiss
Je reviendrai sans doute
Imparfait mais probe
Apparent et rhapsode
Chanter en notes allègres
Les poésies de la vie.

LA BELLE ELOMBE

Sur l'onde harassée du soir
La belle Elombé réapparait
En spectre de diamant noir
Cherchant la brume sibylline
Et épaisse qui assèche
Les larmes chagrines
Des amours bucoliques
A la lumière du crépuscule
Elle marche sur le lit en fronce
Dansant de sa douce folie
Dans le vent vibrionnant
Sur les nénuphars olivâtres
Sur les flots de l'Ogooué
La nuit elle pleure
Sous les récifs luisants
Noyant son suaire andrinople
Le jour elle chante
Dans les dolines enfouies
Sifflotant en mélancolie
Des ritournelles embrumées.

INSTANT D'ETERNITE

A jamais embastillées
Nos prunelles émoussées
A l'océan, ancrés
Nos vœux d'éternité
Se confesse en émoi
Le doute qui m'envoûte
Se perdre en liberté
Quand le vent arrache
Les peurs et les regrets
Vague de souvenirs
Ondée vespérale
Chante à la rive
Les félonies en folie
Les amours se blessent
Quand les convoitises s'attisent
Les frasques de l'envie
Ont le parfum de la vie
Ici les rêves sont comme
Les pensées embrasées
Ce que l'eau a scellé
Le temps ne peut le désunir.

JACQUERIE

Ame indocile
Marchant en bavure
Sur les sépultures
Des existences barbelées
Cette vie sans issue
Cette misère en phlyctène
Cette espérance en ficelle
De procrastination
Cette enclume de lois
Piaffant sur mon impunité
Pauvres hommes !
Sinistres vivants !
Cheminant sur les fientes
De l'exécration
Se perdant dans
Les excavations des
Idéologies absurdes
Sociétales et plouf !
Voici noyé notre existence
Voici englouti nos rêves

Et cette chélidoine
En diadème diaprée
Illuminant à nos têtes
Nos dernières prières
Disparaitre et voir
Renaître là-bas
Un autre monde
Une autre ronde
Comme les soleils
Des liminaires croyances
Sous les vents ardents
Nous avançons
Sous les coups de
Lames de feu
Nous résistons
L'effort prisonnier
Des palissades funestes
Et notre réveil au bout
Des regards forcenés
Seule debout et forte
La plèbe révoltée
Criant son identité à
La haine de la prépotence.

ODESSA

Aux soleils de vie
Se sont éloignées
Les chaloupes noires
Avec les palombes
Dans la pénombre triste
Et glissante sans brume
Comme ces alizés
Au parfum d'amertume
Attendant le chant lumineux
Des aurores boréales
Murmurer aux océans
Le secret des idylles meurtries
Se coucher près des rives
Et entendre les soupirs
Des cœurs énamourés
Souffle d'émotion !
Pourquoi viens-tu hanter
Mon âme désobstruée ?
Quand, à l'aurore luisent
Les astres carmin

Ici les chagrins perdurent
Ils sont des cantiques
Pour les cœurs qui ne
Veulent plus aimer
Ici les larmes sont comme
Des gaves mélancoliques
Qui ruissèlent vers
Les infinis destins
Les douleurs d'amour
Sont des hayons à arpenter
L'espoir s'écrit à l'encre de flot
Sur les vieux arbres brûlés
Mes regrets et doutes
En partition de confession
Chantent les amours
Au sang sempiternel
Sur les mers mortes
Sur les oblongues sentes
Des destinées en errance de vie
Ma tristesse loin de tes ondes
Je la porte en enclume d'affliction.

LES ROSAIRES MOROSES

Effeuiller les baliveaux
A la brise automnale
S'éprendre encore une fois
Des fragrances cauteleuses
Sous les chagrines aubes
Mon cœur a flâné, plané
Et les phantasmes inhibés
Quêtant les paradis d'aménité
Des amours du passé qui
Ont traversé le temps
Les vents, les gens
Des passades en estafilade
Des félonies en acrimonie
Des larmes en blâme
Dans mon âme clamant
Ma mélancolie en folie

Ô mienne exaltation !
Mon accort estime
Se sont éteintes
Les brunantes après ton envol
Me laissant sans ode espoir
Esseulé je vis, néantisé je crie
A l'existence, ma désertion
Que me reviennent les éclats
De bruines dans mes éréthismes
Les rêves ont emprisonné
Nos confessions de chair
Coulent en douleur d'escarre
Mes dernières sialorrhées
Retiens nos étreintes à
L'ivresse promesse
Aujourd'hui écachée.

NOEME

Luisent les noumènes liants
En fil de souvenirs
Enfouis au fond
De notre mémoire
Déchirant le bonheur
Des jours présents
S'offrant à nos émois
Comme un soleil clérical
Au-dessus de nos ambitions

Chantent les noumènes amènes
A nos vies attachantes
A nos rires irrigués
Quand les peines cachées
Dévorent nos faiblesses
Et les déclins de bonté
Et les pleurs de cœur
Le tau des désespérances
Sur nos mains indociles

S'en vont les noumènes et peines
Brisant les chaînes
De liberté contre
Les giroflées de chagrin
Quand l'amour est loin
Il n'y a plus de matins
Quand le bonheur s'éteint
Il ne reste qu'un chemin
Eclairant notre destin.

RÊVERIES

Une nuit melliflue
Courtisant ma pendulette
Dans mon sommeil
Ce beau soleil céruléen
Me hantant à pas feutrés
Me chantant à voix outrée
Les nostalgies des saisons
Et amours pastorales
Comme la nuit
Je me tais
Comme l'ennui
Je me plais
Mais ton silence
Résonne dans mon cœur
Comme l'ombre d'un orage
S'endort le ciel utopique
Quand éclosent les souvenirs
En hymnes coruscants
D'étoiles immortelles

Il me revient des spectres
De sentiments en crachin
Flagornant mes chagrins
Non ! Ce ne sont pas
Mes larmes éplorées
C'est mon bonheur bariolé
Les brunantes de mes pensées
Ont déchiré le vélum
Qui me liait à ton fatum
C'est profond l'amour
C'est au fond cette voûte
Où se couchent nos
Torpeurs, nos peurs
Et les heurts de la vie
Voici l'ode à l'aube
Avec elle s'en va déjà
La nuit qui ne dure qu'un rêve.

ITINERANCE

Prendre le chemin des destinées
inopinées
Seul, marchant sur les incartades
des meurtrissures
Cette vie vile en portrait de
malaise existentiel
Et mes rêves obstrués
en tourments ailés
Comme les aquilons évaporés
S'enivre ma raison émétique
Mon cœur en effluve de lys
m'évade
Vers les aubades nimbées
Des pâquis des pays du sud
Rendre au destin ses promesses
écachées
Sans portraiturer les bruines de
regrets
Quand s'éloignent les lumières du
bonheur
Le fatum a la couleur des
complaintes grisées

Où allons-nous sans émotions
fredonnées ?
Sous les clartés vespérales moirées
Après les rires et les cris de
mélancolies
Eternels voyageurs aux désirs
soupirés
Là-bas, les matins ne sont plus des
aurores arctiques.

MIGRITUDE

Au soleil du jour naissant
Scintillent les lueurs diaphanes
Comme des âmes nostalgiques
Se consument en brume opaline
Les évocations des nuits séculaires
Hissons les voiles
Sans retour pour Lalibela
L'horizon s'en va
Vers les terres apatrides
Adieu ! Reines et peines
A chaque voyage
Sa migritude
Adieu ! Mers et frères
A chaque rivage
Son exilitude
Volent les tiares d'espérances
Dans mes yeux ambrés chagrins

Les soupirs du passé
En mémoire claquée
Ont fait renaître les cendres
Des sempiternelles lamentations
Aux aubes nouvelles tintant
En ondée de clarté automnale
Effluves d'ailleurs valsant
Sur les brises lyriques des regrets
Loin est mon pays natal
Et les petites misères clairsemées
Aux rivières baignées de soleils
Savane crépusculaire
Mon arcane éclectique
Ici commence mon exil
Aux portes des frontières
Quand s'achèvent
Mes chimères charmées.

« Il n'y a pas de frontières pour les poètes ».

Jannys KOMBILA